HISTOIRE

DU DUC D'ORLÉANS

HISTOIRE

DE

SON ALTESSE ROYALE

MONSEIGNEUR LE DUC D'ORLÉANS

HISTOIRE

DE

SON ALTESSE ROYALE

MONSEIGNEUR LE DUC D'ORLÉANS

RACONTÉE AUX ENFANTS

PAR ACH. EYRAUD.

PARIS

DUPIN, ÉDITEUR, ROTONDE COLBERT,

RUE VIVIENNE.

1842

IMPRIMERIE DE C.-H. LAMBERT
Rue de Londres, 7.

Lith. de Maurin, rue de Vaugirard, 72

À SON ALTESSE ROYALE

Monseigneur le Comte de Paris

PRINCE ROYAL.

MONSEIGNEUR,

Permettez-moi d'offrir à Votre Altesse Royale l'hommage de ce petit livre. C'est un récit bien simple des actions du Prince, votre auguste père, que la France pleure encore de toutes ses larmes.

En le lisant, Monseigneur, Votre Altesse y puisera l'exemple de toutes les vertus qui forment les grands rois ; en le lisant, la génération qui grandit avec Votre Altesse apprendra à aimer en elle le noble et digne héritier d'un prince si généreux.

Puisse le Ciel, en veillant sur les jours précieux de Votre Altesse Royale, exaucer ce double vœu

De son très-humble et très-obéissant serviteur,

ACH. EYRAUD.

HISTOIRE

DE

SON ALTESSE ROYALE

MONSEIGNEUR LE DUC D'ORLÉANS

RACONTÉE AUX ENFANTS

Par Ach. Eyraud.

CHAPITRE Ier.

SOMMAIRE.

Mgr le duc de Chartres; sa naissance. — Palerme. — Retour en France. — S. A. R. est présentée à Louis XVIII. — Le jeune prince au collége. — Son assiduité. — Ses succès.

Un affreux malheur, enfants, vient de plonger la

France dans le deuil : le prince royal, l'héritier de la plus belle couronne du monde vient de mourir !

Vous avez vu les larmes de vos familles à la nouvelle de ce funeste événement; vous avez vu la tristesse empreinte sur tous les visages, la consternation dans tous les cœurs. Je vais vous dire pourquoi vos parents étaient tristes et consternés, pourquoi le deuil régnait dans la France entière. C'est que ce n'est pas seulement le prince que la patrie regrette, c'est le jeune homme, au cœur noble et généreux, à l'esprit cultivé et modeste, c'est le fils respectueux et tendre. C'est, en un mot, l'espérance de la famille royale et l'espérance de cette autre grande famille dont nous faisons tous partie et qu'on nomme la société.

Maintenant, et pour mieux vous faire comprendre ce que je viens de dire, nous allons interroger ensemble les années de ce jeune prince, si courtes hélas! mais si bien remplies!

Ferdinand-Philippe, duc d'Orléans, est né, le 3 septembre 1810, à Palerme, une des villes les plus anciennement connues dans l'histoire, et dont vous avez vu la position sur la carte de Sicile.

Vous vous étonnez sans doute qu'un prince français, appelé par sa naissance à monter sur le trône, soit né si loin de son pays, dans une île de la Méditerranée. Hélas! enfants, Dieu qui fait naître les rois avec une couronne au front, Dieu qui les fait grands et puissants entre tous, se plait quelquefois pour les instruire, à les précipiter du haut de leur trône. Il leur montre ainsi qu'ils ne sont grands et puissants que par lui, et que devant le souffle de sa volonté, ils disparaissent comme le grain de sable qu'emporte le vent du désert.

A cette époque, en effet, tous les descendants de saint Louis et de Henri IV étaient exilés. Napoléon, à force de génie et de victoires, était parvenu à prendre leur place dans le beau royaume de France; il s'était fait empereur et roi, et rien ne semblait annoncer au jeune duc d'Orléans, qu'on nommait alors le duc de Chartres, qu'un jour il deviendrait l'héritier de la cou— ronne. On ne célébra point par des fêtes sa naissance et son baptême; rien de royal ne signala son arrivée en ce monde. Mais Dieu qui l'avait fait naître humble et modeste lui avait donné une mère douée de toutes les vertus, ce qui compensait bien et son exil et l'humilité de son berceau.

Ce fut grâce à ses sages leçons, que le jeune prince devint plus tard un modèle de toutes les qualités qui font aimer et respecter les hommes.

Cependant, après quatre années, écoulées depuis la naissance du duc de Chartres, Dieu rendit aux Bourbons leur trône, aux exilés leur patrie. Le jeune prince revint en France avec sa famille, et reprit possession de la demeure de ses pères, ce splendide et somptueux palais, qu'on nomme le *Palais-Royal*.

Ici commence une nouvelle carrière pour lui. Il était prince du sang royal; il tenait à la cour le rang le plus élevé, après les princes de la branche aîné. Eh ! bien, malgré sa naissance et malgré son rang, il alla en classe comme les enfants du peuple, étudia comme eux, eut des pensums comme eux, concourut avec eux pour les prix ; en un mot, il fut élève comme eux.

Cette éducation libérale fit bien du bruit en France. Les gens riches et nobles ne pouvaient comprendre qu'un prince allât en classe, qu'un prince étudiât dans un collége. Et de nos jours encore, ceux d'entre vous qui sont riches, ont un précepteur chez eux ; ils craignent d'avoir froid l'hiver et chaud l'été en allant au collége ; ils craignent surtout les longs devoirs et les pensums. Le jeune prince affronta tout cela. Aussi devint-il au sortir de ses études, le plus savant, le

Le Duc de Chartres présenté à Louis XVIII.

plus modeste, le plus aimable de tous les princes et de tous les jeunes gens de son âge. Vous verrez plus tard qu'il devint aussi un des plus courageux et des plus savants généraux de l'armée. A ce propos, je vais vous raconter un trait qui prouve combien son intelligence et son cœur furent précoces.

A son retour de l'exil, le duc de Chartres avait, je vous l'ai déjà dit, quatre années.

En arrivant à Paris, son père le présenta au roi Louis XVIII, qui était son oncle :

— Que ferons-nous de ce beau garçon-là dit le roi ?

— Un soldat, répondit le jeune prince.

—Comment un soldat, reprit Louis XVIII, en souriant; et que feriez-vous d'un sabre, M. le militaire ? Il serait plus grand que vous.

— Je le tiendrais à deux mains, répliqua le duc de Chartres, jusqu'à ce que je fusse plus grand que le sabre.

Étant au collége, le duc de Chartres se fit aimer de ses condisciples par son affabilité envers tous, son assiduité, et surtout son bon cœur. Aussi, dès qu'il s'agissait de faire une bonne action, tous les élèves s'adressaient-ils à lui.

Un jour, un de ses condisciples vint le trouver les larmes aux yeux, pour lui annoncer son départ du collége.

— Et pourquoi quittez-vous le collége, lui demanda le prince ?

— Hélas ! lui répondit l'élève : mon père ne peut plus payer ma pension, il ne peut plus subvenir aux frais de mon instruction. Je ne vous disputerai plus la première place, ajouta-t-il en pleurant.

— Vous vous trompez, mon cher, lui dit le prince. je ne veux pas me séparer d'un rival qui me force à travailler pour être premier. Vous resterez au collége. Je paierai votre pension sur l'argent qu'on me donne pour mes menus-plaisirs ; et il l'embrassa ; et le pauvre élève continua ses études.

CHAPITRE II.

SOMMAIRE.

Éducation du prince. — Sa bonté pour ses condisciples. — 1830. — Révolution de juillet. — Il devient duc d'Orléans. — Trait de dévouement du prince pendant le choléra. — Révolte des Lyonnais. — Humanité du prince.

Quand le duc de Chartres eut terminé ses classes, qu'il fut rentré dans la haute sphère de la société où vivent les princes, iln'oublia jamais ses camarades de collége et fut encore moins fier qu'auparavant, quoiqu'il ne l'eût jamais été. Il en fut de même quand il fut devenu l'héritier de la couronne de France. Tous ceux qu'il avait connus au collége furent ses amis, à tous il fut accessible et bon. La plupart d'entre eux ont obtenu par lui d'excellents emplois.

Entrée du Duc de Chartres à Paris, à la tête du 1er de Hussards.

Un d'eux entre autres vint le voir aux Tuileries, un matin, et lui dit : — Prince ! mon père vient d'être ruiné. Je n'ai plus d'espérance qu'en vous.

— Vous avez bien fait de compter sur moi, lui répondit le prince : je vous en remercie, et dès ce jour, vous êtes attaché à ma maison comme bibliothécaire.

Vous voyez par ces traits, et par d'autres que je vous citerai encore, combien le prince était bon et généreux. Vous devez comprendre maintenant pourquoi la France entière a pleuré sa mort.

A dix-huit ans, au sortir de ses études, le duc de Chartres devint colonel du 1er régiment de hussards. Un beau régiment, ma foi ! bon manœuvrier, dont il fut bientôt lui-même le plus savant et le plus habile tacticien ; car si la naissance le fit colonel, au sortir du collége, il se rendit digne de cette distinction par son application à l'étude de l'art militaire.

À l'armée, comme au collége, comme dans toutes phases de sa vie, il sut conquérir l'affection de tous ceux qui l'entouraient. Les soldats l'aimaient, parce qu'il était juste et affable ; ils l'aimaient parce qu'il était savant et brave et qu'il s'occupait sans cesse de leur bien-être.

Et lorsque la révolution de juillet, cette révolution dont vous entendez parler tous les jours, sans en comprendre l'importance, lorsque cette révolution fut accomplie, on vit entrer dans Paris ce beau régiment de hussards, si fier de son jeune colonel, portant le premier étendard tricolore, salué par les cris d'allégresse de toute la Capitale. Ce fut alors qu'il devint l'héritier de la couronne, prit le titre de duc d'Orléans. Je vous ai montré le duc de Chartres, bon et généreux. Voici un trait qui vous prouvera qu'il était encore meilleur fils !

Pendant la révolution de juillet, qui dura trois grands jours, pendant lesquels le sang ruissela dans Paris, le duc de Chartres était en garnison à Joigny; craignant quelque danger pour son auguste famille, il partit instantanément pour Paris, afin, disait-il, de prendre la première part du malheur qui pouvait frapper ses parents. Heureusement le ciel lui épargna cette douleur; les Parisiens triomphèrent des bataillons suisses qui les mitraillaient, et le duc d'Orléans, son père, fut appelé au trône, encore plus par ses vertus que par sa naissance.

Quand Louis-Philippe fut devenu roi, le duc d'Orléans pensa qu'il était de son devoir de montrer à la France que sa famille était digne de cette élévation.

La Belgique, vous le savez, est au nord de la France, et lui appartenait autrefois; la Belgique fit également une révolution, c'est-à-dire qu'elle se délivra du joug de la Hollande qu'on lui avait imposé.

Une armée française marcha pour l'aider dans l'accomplissement de son œuvre. Le duc d'Orléans demanda à partager la gloire et les dangers de cette armée.

Le Duc d'Orléans à l'Hôtel-Dieu.

Plus tard, le choléra, une peste bien affreuse, venue du Bengale, fondit sur notre malheureuse France. A Paris surtout, elle creusa une vaste tombe sur laquelle il est peu de familles qui n'aient eu à pleurer quelques-uns de leurs membres.

Eh ! bien, alors que la mort planait dans la Capitale, alors que la tristesse et l'effroi étaient sur tous les visages et dans tous les cœurs ; que les passants tombaient dans les rues, que les hôpitaux regorgeaient de morts et de mourants, que les amis se fuyaient, que les parents s'abandonnaient ; le duc d'Orléans se rendit seul à l'Hôtel-Dieu, afin de rassurer la population, visita toutes les salles, toucha le pouls des mourants, ce que les médecins eux-mêmes ne faisaient qu'en tremblant, les consola, les rassura, et contribua ainsi à dissiper la terreur et l'effroi qui régnaient dans Paris, et qui contribuaient beaucoup à rendre ce mal cruel plus cruel encore !

Voilà un beau trait de dévouement, n'est-ce pas ? Mais ce n'est pas le seul que vous verrez dans l'histoire de ce prince.

A Lyon, cette seconde capitale du royaume, il y eut de malheureux ouvriers qui, prêtant l'oreille aux calomnies des hommes pervers qui les entouraient, oublièrent un moment leurs femmes et leurs enfants, et se révoltèrent contre le gouvernement. Ces malheu-reux se livrèrent à toutes sortes d'excès, tuèrent de pauvres soldats inoffensifs, et attirèrent dans leur ville toutes les horreurs de la guerre. On se battit dans les rues, le sang coula, des femmes, des vieillards et de pauvres petits enfants tombèrent victimes de leur égarement. Puis, ces hommes affreux qui avaient armé le bras de ces malheureuses gens, se cachèrent dans l'ombre, disparurent, et il ne resta plus que des ruines, des cadavres et des larmes.

Ce fut encore le jeune duc d'Orléans qu'on envoya à Lyon pour consoler les malheureux.

Il s'acquitta à merveille de cette belle mission, en relevant les ruines, en essuyant toutes les larmes.

A cette occasion, il disait au maire de Lyon, avec ce sentiment de bonté et de modération qu'il a constamment montré :

—Je suis venu, non pour chercher des coupables, c'est le devoir de la justice, mais comme pacificateur, mais pour rappeler à des Français égarés quels sont leurs devoirs, et aussi, j'ose le dire, quel est leur véritable intérêt. Aujourd'hui, cette tâche est remplie, et j'en commence une autre bien plus douce à mon cœur, celle d'apporter tous les soulagements possibles au sort des classes ouvrières de la ville de Lyon, dont le roi, mon père, m'a ordonné de m'occuper avec sollicitude.

A l'archevêque, il disait :

—C'est bien mériter de la religion, c'est bien la servir, que de s'interposer dans les discordes civiles, d'apaiser les haines et de calmer les passions.

Siège d'Anvers.

CHAPITRE III.

SOMMAIRE.

En ce moment, l'armée française venait d'entrer en Belgique. Le duc d'Orléans courut se ranger au milieu de nos soldats. Il s'agissait de prendre une forteresse qu'on disait imprenable; mais ce mot faisait sourire nos jeunes soldats; ils savaient que rien n'est impossible à des Français. Aussi s'apprêtèrent-ils à prendre Anvers.

Dans le siége qui dura pendant un long mois, le duc d'Orléans se montra brave entre les plus braves. On le vit souvent parcourir la tranchée (1) sous le feu le plus

(1) On nomme ainsi les excavations que l'on fait dans la terre pour se mettre à l'abri des boulets de la place.

actif de la forteresse, souriant aux balles et aux boulets qui sifflaient autour de lui, et souvent couvert de terre par les bombes qui éclataient à ses côtés. Un jour entre autres, remarquant quelque hésitation parmi les soldats qui ouvraient la tranchée sous une grêle de projectiles vomies par les canons du fort, le prince monte sur un gabion et leur dit : « Vous voyez bien que » les balles ne font aucun mal à ceux qui ne les craignent » point ! » Vous pensez bien qu'à la vue de ce prince qui affrontait ainsi le danger, les soldats n'eurent plus d'hésitation ; ils se mirent hardiment à l'œuvre, et bientôt leurs efforts furent couronnés de succès, car la place capitula.

Nos soldats y entrèrent triomphants ! De retour

en France, le jeune prince s'occupa de former de bons soldats pour défendre la patrie si elle était attaquée. Il institua des camps pour familiariser les militaires avec les exercices, et surtout avec la fatigue. Puis un beau jour, il partit pour l'Afrique : mais auparavant il voulut visiter le midi de la France et la Corse, patrie de Napoléon.

On raconte que pendant ce voyage, une foule nombreuse entourait sa voiture ; des agents de la force publique s'empressèrent d'écarter le peuple pour le tenir à distance, mais M. le duc d'Orléans donna aussitôt l'ordre de n'en rien faire : — Laissez approcher, dit-il, je suis fort bien au milieu du peuple français.

Répondant au maire de Toulon, il dit :

—Je suis infiniment sensible aux sentiments que vous m'exprimez; votre discours sera mis sous les yeux du roi; mais j'y ai remarqué une lacune, vous me permettrez de la remplir; c'est que vous n'avez rien dit de la belle conduite qu'ont tenue plusieurs habitants de cette ville pendant les ravages de l'épidémie, et du dévouement avec lequel ils ont secouru leurs frères. Leurs noms sont connus de mon père; il sait apprécier leur mérite, il saura les récompenser.

M. le préfet du Var, ayant parlé au prince de l'association qu'il avait formée afin de pourvoir à l'entretien et au soulagement des orphelins et des veuves victimes du choléra, S. A R. s'écria vivement : — Je veux m'associer à cette œuvre de bienfaisance; portez-moi sur la liste des souscripteurs pour 3,000 francs.

En Corse, après avoir rappelé que son père avait fait replacer la statue de Napoléon sur la colonne de la place Vendôme, il ajoutait : — J'ai voulu visiter la patrie du grand homme, remplie de si grands souvenirs. Les Corses peuvent compter sur moi, et si jamais la France était attaquée, j'espère voir tous les Corses se rallier au drapeau national : ils me verront à leur tête.

Des cris unanimes répondent : *oui, oui, nous marcherons tous sous votre drapeau !*

Partout le prince reçut sur son passage les mêmes témoignages d'affection et de dévouement.

Le 7 novembre, S. A. R. quittait la Corse pour passer en Afrique, et le 10 novembre, il arrivait à Alger.

Le nord de l'Afrique, vous le savez, appartient aujourd'hui à la France. On nomme ce pays l'Algérie. Avant que les Français ne s'en fussent emparés, il était habité par des pirates. Ces pirates montés sur des vaisseaux fort légers, connaissant tous les écueils, tous les rescifs de la Méditerranée comme si leur œil y eut plongé à nu, se cachaient au milieu des rochers qui bordent la mer ; soit sur les côtes de l'Afrique, soit dans les îles de Formentera et d'Ivica ; et là attentifs comme l'aigle qui attend sa proie, ils se précipitaient sur les vaisseaux marchands, égorgeaient les équipages, pillaient les marchandises et emmenaient en captivité les malheureux que leur fureur avait épargnés. C'était un peuple bien barbare. Aussi la France, qui est grande et généreuse, voulut mettre un terme aux brigandages de ces hommes. Elle arma plusieurs vaisseaux et se présenta devant Alger, qui est la Capitale de nos possessions africaines. Sommé de se rendre, le roi de cette contrée, qu'on nommait le Dey, répondit aux sommations par des coups de canon, et la ville fut prise après plusieurs combats. C'est dans ce pays que le duc d'Orléans allait combattre.

Depuis cinq ans que les Français s'en étaient emparés, il ne se passait pas un jour sans qu'il n'y eût quelque combat. Les Arabes qui l'habitent sont des peuples féroces et vigoureux qui, retranchés dans les montagnes, en descendent chaque jour aux cris de *mort aux Français.* Il est vrai qu'ils ont à leur tête un chef redoutable et très-brave qui , toujours vaincu , revient toujours plus fort et plus terrible. Ce chef, vous connaissez son nom. *Abd-del-Kader* se fait passer parmi eux pour prophète et promet le paradis à ceux qui meurent les armes à la main , en combattant contre les *infidèles*. C'est ainsi que ces barbares nomment les Français et, en général, tous ceux qui ne croient pas à leur sauvage et cruelle religion. Or quand, le duc d'Orléans vint pour combattre en Afrique , nos soldats venaient d'essuyer une défaite à la Macta et ils étaient démoralisés. Le jeune prince les conduisit droit à l'ennemi et remporta plusieurs belles victoires aux bords du Sig , aux rives de l'Habrah (rivières), où il fut blessé à la cuisse par une balle.

CHAPITRE IV.

SOMMAIRE.

Noble conduite de nos armées d'Afrique. — Combats du Sig de l'Habrah. — Le duc d'Orléans est blessé dans ce combat. — Le prince est reçu à Constantine par le chef de la religion. — Expédition des *Portes de fer*.

Vous ne pouvez, enfants, vous faire une idée des combats et des fatigues que supportent nos soldats en Afrique. Les Arabes, je vous l'ai dit, sont très braves. Montés sur des chevaux rapides comme le vent, armés de damas (sabres recourbés), tranchants comme des rasoirs, on les voit tout-à-coup descendre rapides, impétueux, laissant flotter au vent leurs bournous (manteaux) blancs, la tête penchée sur leur coursier, l'œil en feu, le bras nu en avant et poussant d'horribles clameurs. A cette impétuosité rapide , nos soldats opposent le sang-froid ; à ces damas dévorants comme la flamme , la baïonnette française ; à ces cris sauvages, les cris de : *Vive la France !* et ils sont presque toujours vainqueurs.

Après le combat, les Arabes se précipitent sur les cadavres des Français, leur tranchent la tête et emportent ces horribles trophées qu'ils suspendent aux piquets de leur tente.

Après la victoire, les Français tendent la main aux blessés, prodiguent des soins aux femmes et aux enfants, et adoptent souvent de jeunes malheureux que leurs baïonnettes viennent de rendre orphelins.

A ces combats énergiques et renouvelés tous les

Combat du Sig.

jours, si vous ajoutez les marches longues et difficiles que font nos soldats, sous un ciel brûlant, sans eau souvent, souvent sans pain, vous aurez une idée des travaux de l'armée d'Afrique. Le duc d'Orléans partagea tous les combats, toutes les marches, toutes les fatigues de notre armée.

Ce fut pendant cette première expédition africaine que le prince-royal fut blessé à la cuisse. Voici dans quelle circonstance, le 3 décembre à quatre heures du matin, l'armée française, qui avait passé la nuit près du fleuve le Sig, fut tout-à-coup éveillée par les cris d'alarmes des sentinelles avancées. C'étaient les Arabes qui venaient en grand nombre pour arrêter nos soldats au passage du fleuve. A l'instant, chacun, secouant la torpeur d'un sommeil pénible, court se ranger sous son drapeau ; le prince-royal est là donnant des ordres pour le combat, assignant à chacun sa place et réservant la sienne pour le plus périlleux de l'action.

On s'avance aussitôt vers les rives du Sig couvertes d'Arabes, et le passage du fleuve s'effectue aux cris de : *Vive le roi ! Vive le duc d'Orléans !* Puis, on continue d'avancer et de vaincre jusqu'au bois de l'Habrah où les Arabes sont fortement retranchés et attendent de pied ferme. Le combat recommence alors avec une meurtrière activité ; mais l'ennemi ne bouge pas, il défend avec ténacité ses positions. Le moment est décisif. Le prince-royal n'hésite pas à diriger lui-même une attaque vers ce point. A la tête de quelques compagnies. Il s'avance au pas de course, l'épée à la main. Ses soldats, exaltés par son courage, se précipitent sur les Arabes : une mêlée s'engage : la baïonnette, la terrible baïonnette française fait un affreux carnage. Au milieu de cette lutte d'homme à homme, le duc d'Orléans reçoit une balle à la cuisse; il continue de combattre. Le général Oudinot est blessé à ses côtés et obligé d'abandonner ce champ de carnage. À la fin, de guerre lasse, épouvantés de cette exhubérance de courage français, les Arabes prennent la fuite en désordre, laissant un grand nombre de leurs morts ou mourants !

Vous voyez que ce sont de terribles combats que ceux auxquels assistait le Prince royal : mais je vais vous rapporter une expédition qu'il a dirigée lui-même et dont le souvenir vivra éternellement dans les pages de l'histoire et dans la mémoire des peuples.

Sur un des versants les plus escarpés de cette grande chaîne de montagnes qu'on nomme l'Atlas; bien avant dans le désert se trouvent des rochers gigantesques qu'on nomme les *Portes de fer*. Le nom mystérieux de ces portes de fer, leur éloignement de la colonie française et plus encore peut-être la tradition qui disait qu'aucun européen n'avait jamais imprimé la trace de ses pas en ces lieux redoutés, tout cela inspira au duc d'Orléans le désir de voir ces *Portes de fer*, que les Romains eux-mêmes, ces *vieux conquérants du monde* n'avaient jamais osé franchir.

Il choisit dans l'armée les régiments les plus aguerris, les soldats les plus braves et il s'apprêta à aller inscrire son nom sur ces rochers mystérieux.

Il se rendit d'abord à Constantine, une des villes de nos possessions d'Afrique les plus grandes et les plus célèbres du temps des Romains. Partout sur son passage, le duc d'Orléans fut salué des acclamations les plus vives et les plus enthousiastes. Des arcs de triomphe furent improvisés et des députations d'indigènes vinrent à sa rencontre, d'un bout de la régence à l'autre.

A son entrée à Constantine, il fut reçu par le chef de la religion qu'on appelle *scheik el islam*. C'était un vénérable vieillard renommé par sa piété et sa justice. Depuis plus de 15 ans, il n'avait pas quitté sa demeure, accablé qu'il était d'années et d'infirmités. Mais en apprenant l'arrivée du jeune prince, il s'était fait porter par ses enfants, afin d'être le premier à le saluer. Toutes les corporations des arts et métiers portant des drapeaux tricolores avaient suivi le chef de leur religion, et lorsque le duc d'Orléans fut arrivé devant la porte de la ville, près du monument élevé aux Français morts au siège de Constantine, plus de 50,000 voix crièrent simultanément, mais en langues différentes, *Vive le duc d'Orléans!* Ce fut une scène bien imposante que celle de la réception de ce jeune prince par ce vieillard musulman, et qui fit une vive impression sur l'esprit de ceux qui en furent témoins.

Puis après un séjour de peu de temps à Constantine, le prince songea à accomplir sa grande expédition.

Après une marche fort longue à travers la plaine, les Français arrivent au pied des montagnes des Bibans, et voient se dérouler, dans son horizon lointain, les rochers gigantesques au milieu desquels ils vont s'enfoncer. Un vieux soldat de la province de Constantine sert de guide. On traverse des vallées profondes et escarpées dans les plis desquelles s'élève une végétation riche et vigoureuse. Bientôt la vallée se rétrécit sensiblement, et les soldats voient se dresser devant eux d'immenses murailles de rochers pressés les uns contre les autres et festonnant l'horizon de découpures étranges. Alors on commence à gravir un rude sentier sur la rive gauche du torrent, et après des montées presque à pic et des descentes pénibles, la colonne arrive au milieu de rochers élevant de chaque côté des murailles de neuf cents pieds de hauteur. Là se trouve la première porte. C'est une ouverture de huit pieds de large pratiquée dans une de ces grandes murailles rouges. La deuxième porte est plus étroite, les mulets peuvent à peine y passer. Une troisième, puis une quatrième porte se présentent. Nos soldats les franchissent dans l'obscurité, au son des musiques guerrières; et à la lueur des torches, les sapeurs gravent leur nom sur les flancs de ces rochers formidables. Le duc d'Orléans fait inscrire la ligne suivante :

— *Armée française.* — **28** octobre **1839.** —

En sortant de ce sombre défilé on retrouva le soleil

qu'on avait perdu, et bientôt chaque soldat gagne la grande halte, tenant à la main une palme arrachée au tronc solitaire des Bibans.

CHAPITRE V.

SOMMAIRE.

Retour en France. — Mariage du prince. — Catastrophe du Champ-de-Mars. — Traits de bienfaisance.

Puis l'armée expéditionnaire rentre à Alger, où une fête brillante est donnée au Prince royal en l'honneur de cette marche mémorable.

Deux ans après, le Prince royal revint en Afrique pour la troisième fois emmenant son jeune frère, le duc d'Aumale qui venait y gagner ses éperons de chevalier.

A chaque fois, sa présence en Algérie fut marquée par des actes de bienfaisance et d'humanité.

Voici un trait entre autres qui mérite d'être rapporté.

Lors de son premier voyage en Afrique, le prince

royal, se trouvant à la tête de son armée, vit arriver une jeune femme qui, se jetant à ses pieds, s'y tordait les mains de désespoir, en implorant sa protection. Le prince royal la releva, et s'informa de l'objet de sa demande.

La malheureuse était esclave d'un arabe dur et brutal, qui ne cessait de l'accabler de mauvais traitements. Elle demandait à être délivrée du pouvoir de ce maître cruel. Le prince lui promit sa liberté; mais presqu'en même temps arriva le maître, réclamant son esclave, et la réclamant avec toute l'autorité que lui accordait la loi musulmane.

Le duc d'Orléans lui demanda à combien il estimait cette femme. — 600 francs à peu près, répondit l'Arabe.

Son altesse royale lui fit compter les 600 francs et l'esclave devint libre; mais cette liberté qu'elle venait d'acquérir était pire pour elle que l'esclavage, dans un pays où les femmes n'exercent aucune industrie. Le duc d'Orléans, qui ne voulait pas faire à demi une bonne action, la maria avec un vieux sergent arabe, qui servait dans les rangs de l'armée française, et lui donna une somme d'argent assez forte.

Lors des fêtes qui eurent lieu à Paris pour le mariage du prince, il arriva une grande calamité qui plongea dans le deuil la Capitale entière. Au milieu des réjouissances publiques qui devaient avoir lieu, la foule s'était portée en grand nombre au Champ de Mars pour voir un feu d'artifice représentant la *Prise de Constantine.* Quand les dernières fusées furent parties, quand le feu se fut éteint, la foule qui était grande se porta en masse vers les issues du Champ de Mars. Alors eut lieu une scène effrayante et terrible. De pauvres petits enfants, des femmes, des hommes, des veillards, furent étouffés et écrasés sous les pieds. Jugez des cris de désolation et de la terreur des parents des victimes de cette mort affreuse. Paris tout entier fut dans le deuil, et le duc d'Orléans fit cesser à l'instant les fêtes qui devaient encore être célébrées, et s'empressa de distribuer des secours aux blessés et aux parents de ceux qui avaient succombé.

A la même époque, le Prince-royal fit distribuer une somme de six cent mille francs au peuple. Cet argent placé en livrets fut principalement donné aux enfants des écoles chrétiennes qui faisaient le plus de progrès dans leurs études ; car le prince encourageait tous ceux qui travaillaient. Les artistes de tout genre trouvaient un protecteur en lui, et il n'y avait pas une école de beaux arts, il n'y avait pas un collége où il n'y eut des élèves élevés à ses frais. Bon et simple avec tous, il allait à pied incognito visiter les écrivains dans leurs cabinets, les sculpteurs, les peintres dans leurs ateliers, encourageant les uns, conseillant les autres.

Un jour, M. Decamp entend frapper à sa porte.

— Entrez, crie-t-il ?

On entre, c'était le prince royal.

—Quoi! Monseigneur, dit l'artiste : vous n'avez pas craint de monter mes cinq étages ?

— Tenez, lui dit en riant le duc d'Orléans : voilà votre habit neuf que votre concierge m'a prié de vous remettre !

L'artiste était confus : mais le prince riait de si bon cœur qu'il fit comme lui.

Le concierge qui ne connaissait point S. A. R., voyant la simplicité de sa mise, pensa qu'il était un des amis du peintre, et qu'il pouvait s'éviter de monter cinq étages en le chargeant de porter l'habit.

Pressé de sortir des Tuileries le prince s'aperçoit, lorsqu'il est devant la porte, qu'il a oublié son chapeau ; alors prenant celui de son domestique, il le met à sa tête et continue son chemin.

—Mais, Monseigneur, lui dit le valet honteux.

— Eh ! bien, dit le prince ; crois-tu que le chapeau d'un honnête homme va me déshonorer ?

Une autre fois, à Marseille, en novembre 1839, au moment de monter en voiture pour quitter cette ville, il reconnut dans le groupe de la municipalité un de ses anciens émules de l'Université, M. Berteaut. — Votre nom, lui dit-il, a brillé dans les concours, vous avez été nommé plusieurs fois. — Dans une classe, monseigneur, où vous avez eu votre part des succès. Au concours de 1823, j'ai glané après vous, en histoire, autant qu'il m'en souvient.

Le prince, charmé de ces souvenirs de collège, disait à cette occasion, qu'il regardait comme un de ses titres les plus chers d'avoir reçu une éducation publique, qui le mettait à même de trouver partout des condisciples.

Un jour, M. Victor Hugo lui écrit :

Monseigneur,

« J'ai besoin d'une somme de 4,000 fr. pour sauver « du désespoir, de la mort peut-être, un pauvre père de « famille que je ne puis vous nommer, mais qui est « digne en tout de votre intérêt. »

Deux heures après, le père de famille recevait les 4,000 fr.; deux heures après, tous les enfants de cet homme remerciaient le ciel avec des larmes de joie, d'avoir donné à la France un prince aussi généreux.

Pendant un voyage qu'il faisait dans le Midi, un autre poète que vous connaîtrez et que vous aimerez aussi, le poète Béranger lui écrivit pour lui recommander un jeune homme demeurant à Saint-Cyr, et dont la mère était infirme.

Le prince lui répondit :

« Faire une bonne action indiquée par vous, c'est
« pour moi un double plaisir, votre protégé devient le
« mien. Je serais heureux de pouvoir m'entretenir avec
« vous de ses intérêts. Permettez-moi de vous dire
« aussi, Monsieur, que vous êtes une de mes anciennes
« connaissances ; il y a vingt ans, vous m'appreniez,

« (parfois aux dépens du latin), à connaître, à aimer
« la France ! »

Duc d'Orléans.

Et par suite des démarches du prince, le ministre de la guerre accorda un congé au fils de la pauvre veuve.

Pendant les courses de Chantilly, le prince royal aperçut un enfant qui offrait vainement un pari à tous les spectateurs. — Quel est votre enjeu, lui demanda le duc d'Orléans. — Ce que voudra votre Altesse, Monseigneur, répondit l'enfant.

—Eh bien ! je parie un beau cheval contre une page de votre écriture.

L'enfant fut ravi et il gagna.

Le lendemain, le prince s'acquitta de sa promesse en lui envoyant un magnifique cheval.

Je pourrais encore vous rapporter bien d'autres traits de la vie du prince; mais le cadre de cet ouvrage ne le permet pas.

CHAPITRE VI.

SOMMAIRE.

Naissance de monseigneur le comte de Paris. — Le duc d'Orléans envoie des secours à plusieurs Sociétés de bienfaisance. — 13 juillet 1842. — Mort du prince. — Ses funérailles. — Neuilly. — Paris. — Dreux !

Lors de la naissance de son fils, monseigneur le comte de Paris, il fit un nouveau don de 150,000 fr. à l'Ecole militaire de St-Cyr. Il fit choisir dans chacun des quatre collèges de la Corse, parmi ceux des élèves qui avaient obtenu cette année le plus de succès, un jeune homme de 17 à 18 ans voulant se destiner à l'agriculture; il fit venir ces quatre jeunes gens à Paris, les plaça dans une école préparatoire pour les examens de la ferme de Grignon, et paya ensuite leur pension dans cet établissement. Il voulut aussi se charger de faire élever dans les établissements du gouvernement plusieurs orphelins des gardes nationaux tués dans l'exercice de leurs fonctions. Enfin, S. A. R. envoya en outre aux diverses sociétés industrielles ou de prévoyance, formées en faveur des pauvres ouvriers, savoir : à Nantes, 2,000 fr. ; à Lyon, 2,000 fr.; à Bordeaux, 2,000 fr. ; à Marseille, 2,000 fr. ; à Rouen, 1,000 fr.; à diverses sociétés de la Capitale, 3,500 fr. Le 1er septembre 1838, le prince faisait parvenir 2,000 fr. à la société d'assurance sanitaire et de secours mutuels, qui venait d'être fondée à Bordeaux; et vers la même époque, lors de son séjour à Saint-Omer, il fit remettre, tant à des ouvriers qu'à diverses sociétés de bienfaisance, 3,000 fr.

Voilà quel était le duc d'Orléans.

Retour funèbre à Neuilly.

Vous comprenez maintenant pourquoi la patrie entière a pleuré ce prince, pourquoi sa mémoire vivra éternellement dans le cœur des Français; pourquoi son nom sera placé à côté de celui des rois bienfaiteurs de l'humanité.

Il me reste encore à vous rapporter la funeste épisode de sa mort.

Le 13 juillet, jour désormais funeste dans nos annales, le prince sortit à midi des Tuileries pour aller faire ses adieux à sa famille qui était à Neuilly. Il devait à son retour de Neuilly partir pour Metz. Tous les équipages étaient prêts. Il était monté dans un cabriolet fort léger qu'on nomme *demi Daumont*. Arrivé à l'embranchement des routes qui se croisent à la Porte

Maillot, les chevaux s'emportèrent. Le cocher qui les conduisait avait peine à les maîtriser. Le prince royal se leva pour parler au cocher. On pense que ce fut en ce moment qu'une secousse le jeta à bas de sa voiture. Quoi qu'il en soit, le prince tomba violemment sur la route et perdit connaissance. Un gendarme et un domestique s'empressèrent de le relever et de le transporter chez un épicier qui se trouvait en face du lieu de l'événement. Le prince n'avait pas repris ses sens. On courut chercher des médecins ; ils arrivèrent, pratiquèrent une saignée, mais qui ne produisit aucun résultat. En peu de minutes, le funeste événement fut connu au Château. Le roi, la reine, madame Adelaïde, la princesse Clémentine, s'élancent à pied hors du Chateau pour accourir plus vite auprès du prince royal.

Jugez de leur consternation, jugez de leur douleur, quand leurs majestés virent le malheureux prince en proie à tous les symptômes de l'agonie. La reine se jeta à genoux, madame Adélaïde, madame la princesse Clémentine, imitèrent son exemple et se mirent à prier et à pleurer. La duchesse de Nemours, le duc d'Aumale, le duc de Montpensier, arrivèrent bientôt mêler leurs larmes à celles de leur auguste famille. Les médecins de la maison du roi eux-mêmes furent bientôt auprès de son lit de mort : mais hélas ! tout leur art fut inutile. Le malheureux prince mourut dans les bras de sa famille, béni par la religion et salué par les larmes de la France entière.

Un détachement de soldats du 17e léger, de ce même régiment qu'il avait si souvent conduit à la gloire, transporta le prince à Neuilly, où sa dépouille mortelle fut placée dans une chapelle ardente jusqu'à ce qu'eut lieu la cérémonie de ses funérailles dont vous venez d'être témoins, et qui s'est terminée dans les caveaux de Dreux, sépulture de la famille royale !

FIN.

TABLE.

CHAPITRE I.

CHAPITRE II.

CHAPITRE III.

CHAPITRE IV.

CHAPITRE V.

CHAPITRE VI.

IMPRIMERIE DE C.-H. LAMBERT, rue de Londres, 7.